I0439436

Peter Müller

Unglücklich?
Nein Danke!

Impressum

Auflage 1 Dezember 2013

ISBN- 13: 978-1494774608

ISBN-10: 1494774607

Your book has been assigned a CreateSpace ISBN.

Copyright 2013 Peter Müller
Verlag: www.createspace.com

Covergestaltung Peter Müller
Alle Rechte vorbehalten

Inhaltsverzeichnis

Glücksdefinition   5

Die Big Five   8

Glücksmomente   11

Die fatalen   23
Glücksirrtümer

Schnelles Glück   28

Dauerhaftes Glück   34

Gute Gefühle   36

Flow! Das fließende   46
Glück

Flow fördernde   49
Tätigkeiten

Vitamin B Ihr   51
Netzwerk zum Glück

Gibt es eine Definition von Glück?

Können Sie auf Anhieb sagen, was Glück ist? Stellt man den Menschen diese Frage, geraten sie meistens ins Stocken, denn ganz so leicht, läßt sie sich freilich nicht beantworten. Viele Menschen setzen Glück mit Reichtum und Ruhm gleich, sozusagen mit dem Urbild des American Way of Life (Geld, Luxus, Fitness, grenzenlosen Spaß). Doch Geld alleine macht auch nicht glücklich. Sicher, für das Lebensnotwendige muß gesorgt sein, und ein Leben am Existenzminimum und in Armut, ist natürlich nicht erstrebenswert. Wenn wir uns aber mal die Schönen und Reichen anschauen, die uns ja täglich im Fernsehen und gewissen Soaps vorgeführt werden, stellt man fest, dass viele Prominente und sogenannte VIPS, ganz massive persönliche Probleme haben und ganz offensichtlich, mit Hilfe von Alkohol und Drogen, der Realität entfliehen. Und das, obwohl sie im Geld nur so schwimmen. Beispiele wären hier so viele zu nennen, dass ich gar nicht wüßte, wo ich anfangen sollte. Wissenschaftlich ist nämlich belegt, dass ein mehr an Geld nicht unbedingt glücklicher macht. Sicher, als

Geringverdiener, haben Sie natürlich viel zu wenig in der Tasche, wie ich aus eigener, leidvoller Erfahrung weiß. Ich möchte Ihnen aber Wege aufzeigen, wie Sie insgesamt mit ihrer Situation zufriedener leben können, und das ist gar nicht mal so schwer, wie Sie jetzt vielleicht denken. In der Glücksforschung hat man nämlich herausgefunden, dass es fünf wichtige Glücksfaktoren gibt, die möglichst erfüllt sein sollten, wenn Sie ein dauerhaftes Glück anstreben wollen. Das Schnelle Glück hält, wie der Name schon andeutet, natürlich nicht lange vor, und der, soeben vom letzten Geld erworbene LCD Fernseher, wird nach ein paar Wochen schon wieder langweilig und zur Normalität. Auch mit Alkohol und Drogen, dem biochemischen Glück, lassen sich nur kurzfristig positive Erlebnisse und Höhenflüge erleben. Das selbe, würde geschehen, wenn Sie nun im Lotto gewinnen würden. Alle ihre Probleme hätten sich mit einem Schlag erledigt. Schaut man sich aber mal genauer an, was mit vielen Lotteriegewinnern später passiert ist, so stellt man erstaunt fest, dass viele ihr Vermögen einfach verpraßt und an falsche Freunde geraten sind. Nun stehen sie wieder am

Anfang, und das kann ja wohl auch nicht die Lösung sein. Wie aber, können Sie nun zu einem dauerhaften, wenn vielleicht auch einfachen, Glück finden? Nun, wie gesagt, die Glücksforschung hat fünf markante Punkte, die sogenannten **Big Five** herausgearbeitet, nach denen Sie ihr Leben ausrichten sollten, wenn Sie insgesamt zufriedener, entspannter und ausgeglichener werden wollen. Ich werde Sie auf der folgenden Seite nun auflisten, und dann versuchen, sie zu erklären, was nicht ganz einfach ist.

Die Big Five

1. Autonomie

2. Zugehörigkeit

3. Kompetenz

4. Selbstwertgefühl

5. Geborgenheit

Lassen Sie diese Begriffe erst einmal in Ruhe auf sich einwirken. Nehmen Sie sich genug Zeit, lassen Sie sich von nichts und niemanden ablenken, wenn notwendig, stöpseln Sie das Telefon aus, und stellen Sie die Haustürklingel ab! Wenn Sie die Worte verinnerlicht haben, dann dürfen Sie umblättern, und ich werde nun erklären, was es damit auf sich hat, und wie Sie es für ihr ganz persönliches Leben nutzen können. Sind Sie soweit? Können wir fortfahren? Dann blättern Sie jetzt um.

Autonomie: bedeutet Individualität Sie können sehr gut alleine entscheiden und möchten keine Abhängigkeit

Zugehörigkeit: Sie können soziale Netzwerke aufbauen und fühlen sich wohl unter Menschen und finden Ihren Platz. Alternativ gilt das auch für Familie, sie geht Ihnen über alles, und Sie wollen sich ausschließlich den Kindern widmen. Sie sind im sozialen Bereich engagiert und setzen sich für andere Menschen ein. Sie denken an andere und nicht nur egoistisch an Ihren eigenen Vorteil.

Kompetenz: sich selbst vertrauen und an seine Fähigkeiten fest glauben. Sich den Anforderungen und Aufgaben des Lebens stellen. Eine Motivation, die von tief Innen kommt.

Selbstwertgefühl: glückliche Menschen haben ein gut entwickeltes Selbstwertgefühl. Sie schätzen und achten sich selbst und das, was sie tun. Sie setzen sich für ihre Bedürfnisse ein. Selbstwert bezieht sich auf die ganze Person. Sie fühlen sich wertvoll!

Geborgenheit: dies ist ein sehr wichtiger Punkt. Man könnte die Geborgenheit auch als die Basis des Glücks bezeichnen. Jeder möchte akzeptiert werden wie er ist. Ein allgemeines Gefühl von Sicherheit, Kontrolle über das eigene Leben haben und sich nicht durch die Lebensumstände bedroht fühlen

Glücksmomente

Noch einmal die äußerst wichtige Frage: <<Was ist Glück eigentlich?>> Ganz so einfach, läßt sie sich nämlich nicht beantworten, und eine ganze Heerschar von Philosophen, hat sich darüber schon den Kopf zerbrochen, ohne eine wirkliche Lösung anzubieten. Der griechische Philosoph Epikur, meinte zum Beispiel, nur ein Leben, das auf die Steigerung von Lust (Lustgewinn) ausgerichtet sei, führe letztendlich zu Erfüllung und Glück. Das Gegenteil, die Abwesenheit von Lust, wäre folglich Schmerz. Mittlerweile weiß man, dass diese Definition von Glück stark vereinfachend ist.

Aber schieben wir die Philosophen mal zur Seite. Die gute Nachricht ist die, dass Sie nicht sofort ihr Leben ändern müssen, um glücklich zu sein, die Schlechte, dass man Glück nicht kaufen oder erzwingen kann. Es gibt auch keinen Masterplan für das Glück! Sozusagen eine Aufbauanleitung, die allgemein gültig wäre. Aber das, haben sie sowieso schon vorher gewußt. Trotzdem ist Glück erlernbar, auch für Menschen, die sich in scheinbar auswegslosen Situationen befinden, und es gibt verschiedene Glückswege, die Ihnen zu einem ausgeglicheneren Leben verhelfen können.

Das große Glück, wie zum Beispiel der Lottogewinn, kommen statistisch nur sehr selten vor. Es macht auch keinen Sinn auf das Glück zu warten, bis es zu Ihnen kommt. Nein im Gegenteil, Sie müssen aktiv etwas für ihre Zufriedenheit und ihr persönliches Wohlbefinden tun, damit Sie mit sich selbst, und ihren Mitmenschen im Reinen sind. Fangen Sie doch einmal mit den unspektakulären, kleinen Glücksmomenten an, die Sie ganz einfach in Ihren Alltag integrieren können. Viele kleine Glücksmomente, können aneinandergereiht, nämlich zu dauerhaftem Glück führen. Natürlich ist alles noch ein wenig komplizierter.

Eine gute Balance zwischen den auf Seite 7 genannten Begriffen **Autonomie** (Unabhängigkeit, Individualismus) und **Zugehörigkeit (Gemeinschaft),** sind sehr wichtig. Auch die **Geborgenheit** (Familie, Wohnung, Lebensumstände) gehören dazu. Das alles, klingt aber für Sie sicherlich noch viel zu abstrakt, und deshalb wollen wir einmal mit den kleinen Dingen anfangen, die ihren Alltag freundlicher und positiver erscheinen lassen, und mit denen Sie sich gleich viel besser fühlen können.

Ständigem Druck ausgesetzt zu sein, und seine Situation mehr oder weniger hilflos zu empfinden, ist sicherlich nicht einfach, und deshalb sollten Sie sich kleine Wohlfühlinseln schaffen, z.B. dann, wenn Sie gestresst von der Arbeit nach Hause kommen oder stressigen Bürokram erledigt haben. Lassen Sie sich nicht von dem Gefühl der Hetze unterkriegen, sondern belohnen Sie sich erst einmal für die geleistete Arbeit.

1. Nehmen Sie ein warmes Bad, vielleicht mit Schwimmkerzen und einem Schluck Sekt zur Belohnung (Mit dem Alkohol bitte nicht übertreiben!)

2. Alternativ, gönnen Sie sich eine leckere Pizza oder ein sahniges Eis (Das sollten Sie natürlich nicht jeden Tag tun, sondern nur als Belohnungseffekt einsetzen)

3. Fragen Sie, sofern Sie einen haben, ihren Partner, ob er Sie mit einer Massage verwöhnen würde. Umgekehrt, bieten Sie ihm natürlich an, das Gleiche für Ihn/Sie zu tun, wenn Er/Sie etwas geleistet hat.

4. Telefonieren Sie mit einem geliebten Menschen (guter Freund/Freundin), und hören Sie seine/ihre geliebte Stimmen. So etwas kann wahre Wunder bewirken.

5. Legen Sie ihre Lieblingsmusik auf, und geben Sie sich den Klängen, mit allen Sinnen hin.

6. Vielleicht haben Sie ja ein bißchen Geld übrig für einen Kino oder Theaterbesuch. Als

positiver Nebeneffekt, wird ihre Gehirnaktivität angeregt, und Dopamin, ein Glückshormon, wird ausgeschüttet. Das hört sich doch schon wunderbar an oder etwa nicht?

7. Lernen Sie Kochen! Kochen ist für manche Menschen eine Glücksquelle. Der positive Effekt, beim Einkaufen und beim Kochen, ist die Vorfreude auf das leckere, gesunde Gericht und schon in der Vorbereitung, wird in Ihrem Gehirn Dopamin ausgeschüttet, und Sie fühlen sich gleich glücklicher.

8. Schaffen Sie sich ein Haustier an. Mit einem Hund, müssen Sie mehrmals täglich raus in die Natur, und diese körperliche Bewegung, ist gut für Sie und fördert die Gesundheit und ihr Wohlbefinden. Nur in einem gesunden Körper, steckt auch ein gesunder Geist. Erhalten Sie sich ihre Leistungskraft. Eine Katze, können Sie streicheln, und Sie geniessen das gleichmäßige Schnurren, wenn Sie auf Ihrem Schoß sitzt, und das hat eine beruhigende, positive Wirkung auf Sie!

9. Unternehmen Sie einen ausgedehnten Spaziergang in die Natur, vielleicht an Ihren Lieblingsort oder an einen Platz, der Ihnen noch aus ihrer Kindheit in Erinnerung ist.

Natürlich nur dann, wenn Sie damit positive Erinnerungen verbinden. Schließen Sie die Augen, konzentrieren Sie sich, und Sie werden das pralle Leben der Natur, die zahlreichen Geräusche der Vögel, Frösche, Grillen usw. in sich aufnehmen. Wenn Sie sich persönlich wohlfühlen und in diesem Moment ganz mit sich im Reinen sind, werden Sie ein starkes Glücksgefühl verspüren. Und genau das, sind die kleinen Glücksmomente, die Sie öfters in Ihrem Alltag erleben müssen. Damit, werden Sie noch nicht dauerhaft glücklich, aber es ist immerhin schon ein Anfang, und das ist ja auch schon einiges Wert. Wichtig ist, dass Sie das Positive auch wahr nehmen, das Ihnen täglich begegnet, und dass Sie sich nicht zu stark auf die negativen Seiten konzentrieren.

Nun, haben Sie sich auch schon mal gefragt, warum es wichtig sein könnte glücklich zu sein, auch für ihre Mitmenschen? Schon

Charlie Chaplin prägte den Satz: **Ein Tag ohne Lachen ist ein verlorener Tag!** Damit hatte er zweifelsohne recht!

Und viele Kinder, singen noch heute oft den Vers: **Froh zu sein bedarf es wenig, und wer froh ist, ist ein König!**

Warum es wichtig ist glücklich zu sein!

1. Ihre Kreativität steigt

2. Ihre Gedächtnisleistung steigt

3. Ihr Immunsystem wird gestärkt

4. Glückliche Menschen sind leistungsfähiger und erfolgreicher im Leben und Beruf.

5. Sie wirken positiv auf ihre Mitmenschen und finden deshalb auch viel leichter Kontakt

6. Glückliche Menschen sind gesellig und unterstützen andere Menschen

7. Glückliche Menschen kommen mit Streß und schwierigen Lebenssituationen besser

zurecht und können Streß auch leichter abbauen.

8. Glückliche Menschen haben die besseren Partnerschaften und Ehen.

Wie Sie also selbst sehen, macht es sehr viel Sinn, sich zu einem glücklicheren Menschen zu entwickeln. Das dies natürlich nicht von Heute auf Morgen geschehen kann, sollte Ihnen allerdings schon bewußt sein.

Streben Sie Harmonie an, auch wenn Ihre Lebenssituation im Moment nicht so rosig aussieht! **Versuchen Sie im Einklang mit dem eigenen Körper zu leben** (Hilfreich kann dabei sein, wenn Sie sich dreimal in der Woche aufraffen und eine halbe Stunde Sport treiben! Dabei müssen Sie keine Höchstleistungen bringen, sondern Sie sollen Freude an der sportlichen Betätigung entwickeln. Suchen Sie sich selbst aus, was Ihnen am meisten Spaß macht, ob das nun Schwimmen, Radfahren, Joggen oder Nordic Walking ist, spielt dabei eigentlich überhaupt keine Rolle. Sie wissen schon selbst am Besten, was Ihrem Körper gut tut und was nicht. Nur in einem gesunden Körper, steckt auch ein gesunder Geist, und ihr Körper ist das wichtigste Kapital, das Sie haben.

Versuchen Sie die Stimmungen, Gedanken, Gefühle und Triebe unter Kontrolle, bzw. in einer ausgewogenen Balance zu halten.

Negative Gedanken lassen sich nicht immer vermeiden, aber langes Grübeln, insbesondere über die Vergangenheit, nach dem Motto: „Ach hätte ich damals bloß", bringen Sie kein Stückchen weiter. Machen Sie sich klar, dass Sie im **Hier und Jetzt** leben, und nur das, was Sie Heute tun, wird Auswirkungen auf das Morgen haben. Die Asiaten sind wahre Meister und können den momentanen **Ist Zustand,** einfach nur genießen. Sie sorgen sich nicht und leben im Augenblick und können diesen, mit allen Sinnen genießen.

Sicherlich spielt hier der Buddhismus eine zentrale Rolle, die nicht außer Acht gelassen werden darf. Aber wenn Sie mit ihren Gedanken ständig woanders sind, dann verpassen Sie das gegenwärtige Leben und das könnte sehr schade sein, denn vielleicht verpassen Sie dann gerade einen spannenden Glücksmoment. Sammeln Sie möglichst viele kleine Glücksmomente, denn wenn die Summe der positiven Erfahrungen höher ist, als die der negativen, dann werden Sie ganz automatisch zu einem glücklichen Menschen, ob Sie nun wollen oder nicht.

Kümmern Sie sich um ihre Familie, Personen die Ihnen nahe stehen und um ihre Mitmenschen. Stärken Sie das Zusammengehörigkeitsgefühl und finden Sie Frieden und innere Ruhe.

Seien Sie dankbar für das, was Sie schon haben, auch wenn das jetzt für Sie vielleicht zynisch klingen mag. In vielen Ländern unserer Welt, ist zum Beispiel sauberes Wasser, und ein Stromanschluß keine Selbstverständlichkeit. Sie leiden nicht wirklich an Hunger und an bitterster Armut. Komischerweise, lächeln aber Menschen aus genau diesen Ländern viel häufiger(wenn man mal Gebiete außer Acht läßt, in denen tatsächlich eine Hungersnot oder Krieg herrschen) Ein Beispiel, ist dieses Bild von

Kindern aus Kambodscha, einem Land, dem durch Krieg und jahrelange Unterdrückung der Bevölkerung, durch Pol Pot, übel mitgespielt wurde. Trotzdem, gibt es dort heutzutage ziemlich viele fröhliche Menschen, die sich nicht so leicht unterkriegen lassen und mit allen Mitteln versuchen ihr Leben zu meistern.

Ein weiterer Punkt, um mit der Welt und sich selbst, im Reinen zu sein, ist mit der Natur und der Schöpfung im Einklang zu leben.

Auf der folgenden Seite, werden wir zusammen die Glücksirrtümer durchleuchten, denen so viele Menschen unvorbereitet auf den Leim gehen, und die sie am wirklichen Leben hindern wollen.

Die fatalen Glücksirrtümer!

1. Geld macht glücklich!

Das hat sich definitiv als falsch erwiesen und wurde wissenschaftlich erforscht. Zum Beispiel hat man festgestellt, dass Lottogewinner, nach einer durchschnittlichen Zeit von 3-5 Jahren, nicht glücklicher waren, als zuvor. Dafür gibt es auch mehrere Gründe, wie zum Beispiel falsche Freunde, die mit dem neugewonnenen Reichtum plötzlich auftauchten, skrupellose Anlageberater(mit dem vielen Geld, treten nämlich auch ganz neue Probleme auf) Langjährige Bekannte erwarten, dass man Ihnen von dem reichlichen Zaster etwas abgeben soll, und so weiter und so fort, eine fast unendliche Kette.

Ein neues Auto, ein Pelzmantel, teurer Schmuck, und die schicke neue Uhr als Zeichen des Wohlstandes, bringen auch nur oft sehr kurzfristiges Glück. Überhaupt, neigt man in unserer Leistungs- und Wettbewerbsgesellschaft ständig dazu, sich mit den Arbeitskollegen, den Nachbarn und Fremden zu vergleichen. Was kann der sich für einen Wagen leisten? Wieso verdient Herr

Sowieso mehr Geld als ich, wieso ist Herr B so ein Glückspilz. Wettbewerb ist gut, aber wenn Sie es übertreiben, sind das die falschen Vergleiche. Wenn Sie sich mit den Reichen und Schönen aus Film und Fernsehen messen wollen, dann werden sie automatisch unzufrieden Suchen Sie statt dessen lieber das machbare, das kleine erreichbare Glück, um dauerhafte Zufriedenheit zu erreichen. Ansonsten, geraten Sie in die Konsumtretmühle. Ein größeres Haus, ein größeres Auto, bedeuten auch mehr Arbeit, mehr Geld versickert für die Konsumgüter, und da Sie immer mehr arbeiten müssen, haben Sie auch immer mehr Streß und natürlich auch immer weniger Freizeit, die Sie genießen könnten. Darüber hinaus, bedeutet aber ein Mehr an Geld nicht automatisch ein mehr Glück!

2. Glück erleben Sie nur bei den großen Ereignissen!

Die Weltreise, der Lottogewinn, die Traumhochzeit oder die Erbschaft. Fragen Sie sich jetzt einmal ganz ernsthaft, wie oft diese Ereignisse wahrscheinlich in Ihrem Leben vorkommen werden? Dann werden Sie schnell realisieren, dass es viel besser ist, wenn Sie ihr Glück in den kleinen Momenten des Alltags suchen. Werden Sie zu einem Glücksmomentesammler. Je mehr Sie davon sammeln können, desto besser, denn wie schon zuvor gesagt: Übersteigt die Summe der positiven Ereignisse, die jener negativen Erfahrungen, dann sind Sie vielleicht schon auf dem Weg, zu einem echten Glückspilz zu werden.

3. Unmengen Freizeit gleich Glück

Das hat sich durch jüngste Forschungsergebnisse als falsch erwiesen. Den Menschen geht es beim Arbeiten meist besser, natürlich nur dann, wenn sie sich bei der Arbeit wohlfühlen und auch einen Sinn darin sehen. Wenn Sie als Hartz IV Empfänger nun keine Arbeit haben, dann ersetzen Sie diese durch Hobbys, Sport und Ehrenämter, um etwas Sinnvolles zu leisten.

4. Glück ist reiner Zufall

Würde ich mich hinsetzen, um dieses Buch zu schreiben, wenn dies der Realität entsprechen würde? Glauben Sie das allen Ernstes?
Selbstverständlich, kann man für sein Glück etwas tun und ihm ein Stück weit entgegengehen! Aber all zu oft, bevorzugen die Menschen das Jammern und Wimmern, frei nach dem Motto: Ach, der Soundso, der hat immer so ein Glück, das ist doch total ungerecht. Mir, passiert so was natürlich nie!

Wenn Sie so denken, werden Sie nie glücklich werden. Denken Sie statt dessen ab heute: **Ich will glücklich und erfolgreich sein!**

Alleine dadurch, dass sie sich diesen Satz verinnerlichen, und am Besten auch jeden Morgen vor dem Spiegel einmal laut aussprechen, programmieren Sie sich auf positivere Gedanken, und Sie stärken sich mental für den gerade anbrechenden Tag.

Negative Gedanken ziehen negative Handlungen und Gefühle geradezu an.

Auf den nächsten Seiten, versuche ich die Unterschiede zwischen dem **Schnellen Glück (flüchtigem Glück)** und dem **Dauerhaften Glück** zu erläutern. Ich hoffe, Sie sind nach wie vor neugierig und bereit, an ihren ganz persönlichen Glück zu arbeiten, denn Sie wissen nun ja selbst, dass Sie sich auf die Glücksgöttin Fortuna nicht verlassen dürfen. Das wäre ja auch zu schön, wenn Morgen das Glück, quasi vor ihrer Haustür stehen würde. Nein, nein, so etwas gibt es dann wohl doch nur im Märchen.

Schnelles Glück

Biochemisches Glück: Stellen Sie sich vor, Sie werfen einfach ein paar Drogen ein und stellen erstaunt fest, dass es ja eine Abkürzung zum Glück, bzw. zu den Glücksgefühlen gibt. Das ist ja phantastisch, denken Sie und wiederholen den Vorgang noch einige Male. Nach ein paar Monaten, stellen Sie dann fest, dass Sie nun so gar nicht mehr glücklich, dafür aber süchtig sind. Das ist dann definitiv nicht der richtige Glücksweg, und Sie müssen erst einmal zur Entgiftung. Also lassen Sie das besser gleich bleiben.

Berühmt durch das TV: Wie viele Leute, treten heutzutage in Dokus, Soaps oder Ekelshows auf, nur um kurzfristig Aufmerksamkeit zu erhaschen und für einen flüchtigen Moment berühmt zu werden. Wer erinnert sich heutzutage noch an die erste Staffel von Big Brother und ihre mitwirkenden Akteure. Sehen Sie, so schnelllebig ist dieses Showgeschäft. Das müssen Sie sich nicht antun, Sie sind für etwas Besseres geschaffen.

TV Konsum: führt nach wissenschaftlichen Untersuchungen zu einem Minimum an Glücksgefühlen. Diese Zeit können Sie besser nutzen, durch sportliche Betätigungen oder kreative Hobbys. Was Sie täglich im Fernsehen und in der Werbung sehen, ist kein gültiger Wertemaßstab. Diese Bilder entsprechen nicht der Realität, doch leider wird oft angenommen, dass Sie genau dieses künstliche Glitzerleben erreichen und führen müßten. Kein Wunder, dass Sie immer unzufriedener werden und sich als besonders arm, klein und schäbig vorkommen müssen. Deshalb empfehle ich Ihnen ernsthaft, eine Weile auf diesen stumpfsinnigen Fernsehkonsum zu verzichten, und diese sehr passive Tätigkeit durch aktive Aktionen zu ersetzen. Gehen Sie lieber joggen, lesen Sie ein interessantes Buch oder hören Sie Musik. Tun Sie dies mit all ihren Sinnen und öffnen Sie sich. Seien Sie bereit für neue Klänge und neue Erfahrungen, denn dann wird Ihre Gehirnaktivität verbessert. Suchen Sie sich möglichst ein kreatives Hobby (es muß nicht viel Kosten), aber es muß Ihnen Spaß machen und Sie innerlich ausfüllen. Ihrem Einfallsreichtum, sind dabei kaum Grenzen gesetzt. Sie können malen, Modellbau betreiben, musizieren, Karaoke singen (wenn es Ihren Nachbarn nicht stört) usw. Wenn Sie einen Garten haben, dann entdecken Sie vielleicht heute ihre Liebe zur Natur. Ein Garten, ist aber keine Vorraussetzung. Genausogut, können Sie die Fensterbank zum Kleinbiotop umfunktionieren oder sich mit Hingabe, liebevoll, um ihre Zimmerpflanzen kümmern.

Gehen Sie raus in die Natur, und erfreuen Sie sich an der Schöpfung, an dieser eigentlich doch wunderbar perfekten Welt. Alles ist sinnvoller, motivierender und besser, als stumpf vor der Mattscheibe zu hängen. Und es gibt noch einen positiven Effekt für ihren Körper. Sie sind aktiv und bewegen sich, und das wird er Ihnen danken.

Sex: die wohl schönste Nebensache der Welt, will ich natürlich nicht unerwähnt lassen. Eins ist sicher, Sex ist wichtig und ohne Sex, gäbe es uns gar nicht. Die Natur hat es glücklicherweise so eingerichtet, dass die meisten Menschen Spaß am Sex haben. Ich hoffe jetzt nicht, dass Sie zu den Minderheiten zählen, die ihn nicht mögen! Beim Sex, können Sie unglaubliche Höhepunkte erleben. Aber jetzt mal im Ernst! Was glauben Sie wohl, wie lange das Glück, eines gerade erlebten Orgasmus, wohl anhält?

Konsumglück: Heutzutage, brauchen wir vieles, will uns die Werbung ständig suggerieren, einen riesigen LCD Bildschirm, der eigentlich gar nicht in das kleine Appartement paßt, bzw. völlig überdimensioniert wirkt. Schuhe von La Prada, weil irgendeine Schauspielerin aus Desperate Housewife die trägt. Autos mit eingebauten Kommunikationsplattformen, damit unsere Konzentration und unsere Sinne, noch völlig überreizt und überfordert werden. Nicht zu vergessen, die Alkohol und Zigarettenwerbung, der Sie keinesfalls Glauben schenken dürfen, weil dieser Industriezweig, Sie nur von ihren Produkten abhängig machen will, damit Sie Ihnen ihr letztes, schon jetzt weniges Geld, aus der

Tasche ziehen können, damit Sie noch weiter verarmen.

Wenn Sie zu der Gruppe gehören, die stark Rauchen oder Trinken, dann möchte ich Ihnen folgendes mitteilen: Wissen Sie eigentlich, wieviel Geld Sie für Alkohol und Zigaretten im Monat, und dann im gesamten Jahr ausgeben. Haben Sie das schon einmal addiert? Wahrscheinlich ist die Summe so groß, dass Sie zum summieren einen Taschenrechner benötigen werden. Überlegen Sie sich einmal gut, ob Sie diesen Betrag nicht lieber für einen Urlaub, ein Wellness Wochenende oder für ihre Kinder ausgeben wollen. Aber wie gesagt, Sie selbst sind ihres Glückes Schmied, und ich kann Ihnen lediglich Ratschläge geben. Ob Sie diese zu ihrem Vorteil nutzen oder nicht, liegt alleine in Ihrem Ermessen.

Diese Unmengen an Bier, sind regelmäßig konsumiert weder Ihrer Gesundheit zuträglich, noch schonen sie ihre Finanzen. Das eingesparte Geld können Sie für sinnvollere, glücksfördernde Dinge, wie zum Beispiel einen Kinobesuch oder einen Vereinsbeitrag ausgeben. Das selbe gilt für Zigaretten. Alkohol und Zigaretten sind übrigens Drogen. Dummerweise ist dies vielen Menschen nicht bewußt, da sie leider legal und frei verkäuflich sind. Sie werden stark beworben und suggerieren das Bild von Freiheit, Entspannung und Abenteuer. Doch sie bewirken auf Dauer das genaue Gegenteil.

Dauerhaftes Glück

Wahres Glück kommt aus Ihrem tiefsten Inneren und es macht nicht so viel Sinn, wenn Sie ständig auf das große Glück von Außen warten. Das haben wir zuvor schon erwähnt, dass es nicht so geschickt und gut für Sie ist, wenn Sie auf die Erfüllung Ihrer großen Lebensträume, wie zum Beispiel auf die Traumhochzeit, den Lottogewinn, die Kreuzfahrt oder den ultimativen Traumpartner warten. Denn, falls diese verständlichen Träume ihr einziges Lebensziel sind, werden Sie bitter enttäuscht werden, wenn Sie nicht in Erfüllung gehen. Deshalb ist es vorerst besser, Ihr Glück im Alltag zu suchen, und die kleinen Glücksmomente bewußt wahrzunehmen. Dazu müssen Sie natürlich Ihre Sinne schärfen, sonst könnte es sein, dass Sie die schönen Momente gar nicht registrieren und somit einfach verpassen. Um zu einem anhaltenden, dauerhaften Glück zu finden, müssen Sie natürlich noch einen schwierigeren und manchmal auch steinigeren Weg gehen. Aber ich bin mir sicher, dass Sie auch das schaffen werden. Lassen Sie uns aber mit den kleinen Glücksmomenten anfangen, die ich hier einmal aufgelistet habe. Vielleicht mögen Sie diese Liste mit Ihren eigenen Glücksmomenten ergänzen, denn jeder Mensch empfindet anders, und was ich für mich selbst als einen Moment empfinde, der mich fröhlich sein läßt, ist für Sie selbst vielleicht völlig uninteressant.

Gute Gefühle

Der Duft von frisch aufgebrühtem Kaffee

Eine leckere Tasse Cappuccino oder Cafe Latte

Ein Tag am See

Fröhliches Kinderlachen wirkt ansteckend

Die Vorfreude auf ein gutes Essen

Ein gutes Gespräch oder Telefonat

Die Geräusche der Natur, das Summen der Insekten, das Zirpen der Grillen, das Quaken der Frösche, der selten gewordene Schmetterling, den Sie gerade entdecken.

Die warme Sonne auf ihrer Haut!

Der Duft von Gegrilltem, frisch gemähtem Gras, der Geruch des Sommers!

Die Naturelemente, Wasser, Sonne, Wind und Regen mit allen Sinnen spüren! Sie leben!

Das Eis im Sommer, die Plätzchen und Lebkuchen im Winter, die Edelschokolade, die sie sich nur selten gönnen.

Ein gutes Glas Rotwein zu einem besonderen Essen.

Ein nettes Gespräch mit dem Nachbarn oder der Nachbarin.

Ein Lächeln, dass sie von einer, Ihnen unbekannten Person, geschenkt bekommen.

Wenn Sie ihren Kindern beim Toben auf dem Spielplatz zusehen.

Das leise Rascheln der Blätter im Wind, das Plätschern der kleinen Wellen, die am See an die Uferböschung schlagen. (Lassen Sie sich auf das Experiment Natur, mit allen Ihren Sinnen ein. Setzen Sie sich dazu auf eine Bank und schließen Sie die Augen, und Sie werden Mutter Natur förmlich fühlen, riechen, schmecken und hören, wenn Sie sich darauf vollkommen konzentrieren. Dann befinden Sie sich im harmonischen Einklang mit der Schöpfung, und Sie sind in diesem Augenblick mit sich selbst vollkommen im Reinen und können fühlen, wie das Glück durch Ihren Körper strömt.

Eine Fahrradtour, in bisher unbekanntes Terrain, läßt den Forscher und Entdecker in Ihnen erwachen. Wissen Sie noch, wie es damals als Kind war, wenn Sie im Wald spielten oder Geheimgänge und Höhlen erforschten? Das war doch ein schönes, prickelnd, aufregendes Gefühl! Holen Sie es sich zurück!

So, nun habe ich Ihnen aber genügend Vorschläge für Glücksmomente geliefert. Nun sind Sie an der Reihe. Überlegen Sie sich einmal ganz in Ruhe, wobei Sie Inneres Glück empfinden können. Nehmen Sie am Besten ein Blatt Papier zur Hand, und machen Sie sich eine eigene kleine Liste. Sie werden bestimmt erstaunt sein, was Ihnen alles einfallen wird.

Natürlich ist das Sammeln der kleinen Glücksmomente nicht ausreichend, um ein einigermaßen zufriedenes Leben zu führen und zu einem halbwegs beständigen Glück zu gelangen. Auf den Seiten sieben und acht, habe ich unter der Überschrift, die Big Five, die fünf wichtigen Regeln erwähnt, nach denen Sie ihr Leben ausrichten sollten. Ich liste Sie hier, noch einmal zu Ihrer Einprägung auf. Es sind dies:

Autonomie

Zugehörigkeit

Kompetenz

Selbstwertgefühl

Geborgenheit

Autonomie:

Kommen wir zum ersten Punkt, der Autonomie. Ganz sicher, ist es nicht so leicht, sich unabhängig zu fühlen, denn Sie sind es zur Zeit vielleicht nicht. Aber Sie könnten ja versuchen, sich eine kleine Selbständigkeit aufzubauen, aus der Sie neue, positive Energie schöpfen können. Sie fragen mich wie? Vielleicht mit etwas, an dem Sie wirklich Spaß haben.

Können Sie schreiben? Wie wäre es dann, mit einem Buch? Mittlerweile gibt es eine ganze Reihe Selfpublishing Anbieter, wie Create Space, Books on Demand und bei Amazon können sie sich anmelden und ihr eigenes E-Book hochladen.

Das sind doch relativ überschaubare Kosten. Und wenn Sie es schaffen, ihr Buch ganz alleine fertigzustellen, werden Sie das gute Gefühl genießen, etwas Eigenes geschaffen zu haben. Dann können Sie zu Recht ihren eigenen, kleinen Triumph feiern. Und wer weiß, vielleicht bringt Ihnen das, als positiven Nebeneffekt, sogar etwas Geld ein. Das wäre nicht schlecht oder?

Vielleicht haben Sie aber auch Lust, an den Wochenenden als Flohmarkthändler zu arbeiten, oder Sie machen ganz einfach einen Taxischein. Die Kosten für den Taxischein wird sehr wahrscheinlich, sogar die Arge übernehmen.

Im Taxi, haben Sie einen ganz entscheidenden Vorteil. Sie fühlen sich sehr selbständig, auch wenn Sie bei einem Taxiunternehmen nur angestellt sind. Sie sitzen in Ihrem eigenen, kleinen Reich, können ihre Lieblingsmusik hören, wenn Sie gerade keinen Fahrgast haben. Sicherlich, gibt es in der Taxibranche auch gravierende Nachteile, wie die sehr lange Arbeitszeit. Aber wenn Sie möchten, können Sie nur nebenher, am Wochenende auf 400 Euro Basis fahren. Es gibt ja meistens noch Trinkgeld!

Ich kann Ihnen hier nur einige Beispiele zu mehr Autonomie aufzählen. Im Endeffekt, müssen Sie selbst für sich herausfinden, was Ihnen gut tut, und wie Sie sich mehr Selbständigkeit verschaffen können.

Zugehörigkeit:

Bauen Sie sich weit verzweigte, funktionierende Netzwerke auf, und verkriechen Sie sich keinesfalls zu Hause, und lümmeln Sie nicht träge auf der Couch herum. Suchen Sie sich Ehrenämter, seien Sie in Vereinen aktiv (es gibt vieles, was so gut wie nichts, oder wenig kostet) Stärken und vertiefen Sie vorhandene Freundschaften, wenn Sie Ihnen gut tun.

Kompetenz:

Ich denke dieser Punkt, könnte besonders heikel und schwierig für Sie sein, denn ein kompetenter Mensch weiß, dass er sich auf sich selbst verlassen kann. Er handelt aus einem tiefen Gefühl der Inneren Sicherheit heraus. Er ist sich bewußt, die Situation meistern, und sein Ziel erreichen zu können.

Vielleicht sind Sie aber in ihrer jetzigen Lebenssituation eher verunsichert, und sie fühlen sich von den Lebensumständen bedroht. Denn, wenn Sie in ihrem Job nichts zu sagen und nur Anweisungen befolgen müssen, dann werden Sie ganz automatisch zu einem Spielball des Lebens, zu einer traurigen, hilflos zappelnden Marionette.

Deshalb, müssen Sie mit allen, Ihnen zur Verfügung stehenden Mitteln versuchen, zu mehr Autonomie zu gelangen. Wie das funktionieren könnte, habe ich Ihnen bereits unter dem sehr wichtigen Punkt Autonomie, zu erklären versucht.

Selbstwertgefühl:
Sie sind ein sehr wertvoller Mensch, auch wenn Sie vielleicht gerade von der Allgemeinheit abhängig oder Geringverdiener sind

Sie sind kein Verlierer, Sie sind nicht der ewige Looser, lassen Sie sich bloß nicht, von unserer rücksichtslosen Leistungsgesellschaft diesen Stempel aufdrücken. Wehren Sie sich dagegen, einfach gebrandmarkt und dann zur Schlachtbank geführt zu werden. Stehen Sie endlich auf, denn Sie sind nicht weniger wert, als die anderen Menschen! Machen Sie nicht den gravierenden, verhängnisvollen Denkfehler und fühlen sich als Verlierer, denn negative Gedanken, führen oftmals auch zu negativen Handlungen.

Versuchen Sie, trotz Ihrer Situation, positiv zu denken und geben Sie sich nicht selbst auf. Sie sind ein wertvoller Mensch und ganz tief in Ihrem Inneren, wissen Sie das auch.

Geborgenheit:

Um sich einigermaßen geborgen fühlen zu können, muß die Absicherung gegen Not natürlich gewährleistet sein. Damit, meine ich, dass Sie genug zu essen, ein Dach über dem Kopf haben und materiell halbwegs abgesichert sind. Im Vergleich zu der Bevölkerung, in armen Ländern, wie Afrika oder Kambodscha, geht es Ihnen doch gar nicht so schlecht wie Sie glauben, und Sie stehen sogar relativ gut da.

Mit Geborgenheit, ist aber auch noch etwas anderes gemeint. Man könnte es auch als das Urvertrauen bezeichnen. Babys, haben zum Beispiel dieses Urvertrauen, dass die Mutter für sie schon sorgen wird. Unter

Geborgenheit, kann man auch verstehen, dass Sie akzeptiert werden möchten wie Sie sind.

Sie möchten sich nicht ständig kritisieren lassen und müssen nicht ständig um ihren Platz und ihre Interessen kämpfen.

Geborgenheit, ist die Basis des Glücks. Doch Sie alleine, führt natürlich noch nicht zu Glück. Aber Geborgenheit führt zu einem guten Gefühl von Sicherheit. Fühlen Sie sich geborgen? Nein? Dann müssen Sie an diesem Punkt arbeiten und etwas daran ändern!

Flow das fließende Glück

Im Flow sind Sie vollkommen mit sich selbst und der Welt im Reinen. Sie sind selbstvergessen, und wie in einem Trancezustand, und vergessen Raum und Zeit. Körperfunktionen wie Hunger, Durst und Schmerz, nehmen Sie nicht mehr wahr Auch die Ereignisse und Menschen um sie herum, treten in den Hintergrund, und während Sie vielleicht gerade an Ihrem Gemälde arbeiten, stellen Sie sich nicht die Frage nach dem Sinn und dem Nutzen oder dem Erfolg. Sie gehen in ihrem Tun, in ihrer Arbeit selbst auf.

Künstler oder Extremsportler, berichten häufig über Flowerlebnisse. Manche erreichen diese beim Bungee Jumping, andere wenn Sie sich in eine gefährliche Schlucht abseilen. Im Flow, haben Sie keine Ängste oder Sorgen. Ist das nicht ein sehr überzeugender Grund, dass Sie auch versuchen sollten, in diesen zeitlosen, glücksbringenden Zustand hinüberzugleiten. Für Stunden, denken Sie nicht mehr an Geldprobleme und möglichen Ärger. Sie möchten nun von mir sicher wissen, wie Sie in solch einen tranceartigen Zustand gelangen können?

Nun zuerst einmal ist es äußerst wichtig, dass Sie sich eine Tätigkeit suchen, die Sie sehr lieben, und die Sie vor allem selbständig ausführen können. Suchen Sie sich ein Hobby, das Sie ganz ausfüllt, und das Sie mögen, um Momente der Zeitlosigkeit zu erleben, und Ihre Glücksmomente zu vermehren. Wenn Sie Spaß an Ihrem Hobby haben und sich in der Tätigkeit ganz vertiefen können, werden Sie Flowerlebnisse haben. Welche Tätigkeiten und Hobbys dies sein könnten, müssen Sie für sich selbst herausfinden, ich kann Ihnen jedoch einige Vorschläge machen, bei denen die Wahrscheinlichkeit groß ist, dass Sie einen Flow erleben und genießen können.

Wenn Sie sich eine Tätigkeit suchen, in der Sie völlig aufgehen, denken Sie daran, dass Sie Störungen und Lärm von außen, wie Fernseher oder Radio ausschalten. Auch andere Personen und Familienmitglieder, können jetzt wie ein Störfaktor wirken. Reden Sie mit Ihnen, und suchen Sie sich einen

Rückzugsbereich, in dem Sie sich hundertprozentig auf Ihre Aufgabe, bzw. ihr Werk konzentrieren können. Ohne Konzentration und Kontrolle, würde zum Beispiel ein Bergsteiger oder Extremsportler schnell sein Leben riskieren. Das kann Ihnen bei einem harmlosen Hobby verständlicherweise nicht passieren, aber ohne Konzentration und Kontrolle, werden Sie auch nie das Gefühl des Flow, des fließenden Glücks, kennenlernen.

Beschäftigen Sie sich nicht mit anderen Themen, die Ihnen durch den Kopf gehen mögen, sondern konzentrieren Sie sich ganz auf das Hier und Jetzt, das was Sie momentan gerade tun, und ignorieren Sie die Störungen und Gedanken, die aus Ihrem Inneren kommen. Finden Sie den passenden Ort für ihre Konzentration, und schaffen Sie sich ein sauberes Arbeitsumfeld, so dass ihr Blick durch nichts abgelenkt wirkt.

Flow fördernde Tätigkeiten

Schreiben Sie selbst ein Buch

Malen oder Musizieren Sie

Vielleicht ist ein Ehrenamt oder die Mitgliedschaft in der Feuerwehr gleichzeitig Ihr Hobby. So tun Sie gleichzeitig etwas im sozialen Bereich, und Helfen und Geben führen zu tiefen Glückserlebnissen.

Modellbau oder Töpfern

Meditation und Entspannungstechniken

Sport im Verein

Verschmelzen Sie mit der Natur, und genießen Sie das Werk Gottes mit all Ihren Sinnen.

Entdecken Sie Ihre gärtnerischen Fähigkeiten

Wenn Sie ein Tänzer sind gehen Sie tanzen und geraten Sie in Ekstase

Vitamin B
Ihr Netzwerk zum Glück

Ein dichtes und umfangreiches Netzwerk, ist ein nicht zu unterschätzender Baustein für mehr Glück. Fröhliche und zufriedene Menschen, verfügen meist über ein perfekt funktionierendes Netzwerk und sind mit anderen Personen über zahlreiche Wege und weit verzweigte Pfade verbunden. Ein zuvor mühsam geknüpftes Spinnennetz verhilft diesen nun zu mehr Glück und Aktivität

Diese Glückspilze erfahren auch viel eher von neuen Jobangeboten und Chancen, als Leute, die sich nicht die Mühe geben, und ihre Kraft nicht in den Aufbau eines effektiven Netzes investieren. Vitamin B ist hier das Zauberwort. Ein weiterer Vorteil ist der, dass den Menschen, die über ein dicht verwebtes Netz verfügen, auch viel eher Hilfe angeboten wird, als den Leuten, die keine Zeit in den Aufbau gesteckt haben. Was muß ich da hören? Sie haben ein sehr kleines oder gar kein Netzwerk? Na dann nichts wie hoch mit dem Hintern von der Couch und mit frischem

Tatendrang ran, an die nicht ganz leichte Aufgabe. Nur Mut, Sie schaffen das schon, denn positive Gedanken, ziehen meistens positive Handlungen nach sich. Sobald Sie sich ein funktionierendes Netzwerk erschaffen haben, müssen Sie auch daran denken, es zu hegen und zu pflegen. Denken Sie daran, dass es wichtig ist, dass Sie zuerst Geben und dann erst Nehmen!

Dieses Ihnen vorliegende Büchlein soll nur eine kleine Hilfe darstellen, damit Sie Ihren eigenen, persönlichen Weg zum Glück finden können. Wichtig ist, dass Sie sich selbst motivieren können und alle Anstrengungen unternehmen, aus denen Sie positive Gefühle erleben können. Sportliche Betätigung, Vereinszugehörigkeit, Ehrenämter sowie eine kreative Beschäftigung, die Ihnen Spaß macht, sind hierzu schon einmal ein guter Anfang. Vitamin B, sprich gute Beziehungen, können hierbei sehr hilfreich sein. Wenn Sie bereits ein Suchtproblem haben, scheuen Sie sich nicht professionelle Hilfe anzunehmen.

Machen Sie mich bitte nicht dafür verantwortlich, wenn Sie trotzdem das Glück nicht finden können. Das Büchlein soll nur ein kleiner Anleitungsfaden sein, und ich hoffe, dass Ihnen manche der Tips ein wenig weiterhelfen konnten. Ich wünsche Ihnen von ganzem Herzen, dass Sie in Zukunft zu einem glücklichen und positiv denkenden Menschen werden. Der Weg mag zwar manchmal recht steinig sein, doch ich weiß aus eigener Erfahrung, dass es sich lohnt auch hohe Hürden zu nehmen, um langfristig glücklicher und ausgeglichener zu werden. In diesem Sinne, wünsche ich Ihnen alles Gute, und wenn Sie mögen, können Sie dieses Buch auch ruhig mehrmals lesen, damit Sie motiviert und voller Tatendrang in den Tag starten können. Leben Sie mit allen Sinnen, und seien Sie stets offen für Neues und die Wunder der Natur.

Ihr Peter Müller

www.ingramcontent.com/pod-product-compliance
Lightning Source LLC
Chambersburg PA
CBHW070338290526
45791CB00003B/1386